LERN STERN

SCHWUNG-Übungen

Schulstart

TESSLOFF

Bello hat viele Knochen ausgebuddelt. Alle Knochen sehen gleich aus. Male dazu, was fehlt.

Ergänze auch hier, was fehlt. Fülle dann die Zeilen.

Tina malt ein Eulenbild, aber ihren Eulen fehlen die Schnäbel.
Male ihnen solche Schnäbel: V.

Schwinge und schreibe viele V, v in allen Größen.

Hase Hicks malt Ostereier an. Hilf ihm und schwinge die Eierformen nach. Fülle die Nester mit Eiern.

Das ist Hicks' Lieblingsei. Male es in riesigen Schwüngen ganz bunt an.

Das ist der Riese Rolf. Siehst du den Buchstaben, der sich im Riesenkörper versteckt? Spure ihn in vielen bunten Farben nach.

Hier kommt Rolfs Familie. Spure auch ihre Körper nach.

RBR

RDR

ROR

In Entendorf werden viele neue Häuser gebaut. Zeichne die Hausdächer in leuchtenden Farben ein.

Findest du die A-Formen in diesem Haus? Dann spure sie mit verschiedenen Farben nach.

Suse bastelt zu Weihnachten einen tollen Fenster-Zweig. Male viele Nadeln an den Zweig.

K

K

Am Weihnachtsbaum fehlt noch etwas. Male viele bunte Kugeln an die Zweige.

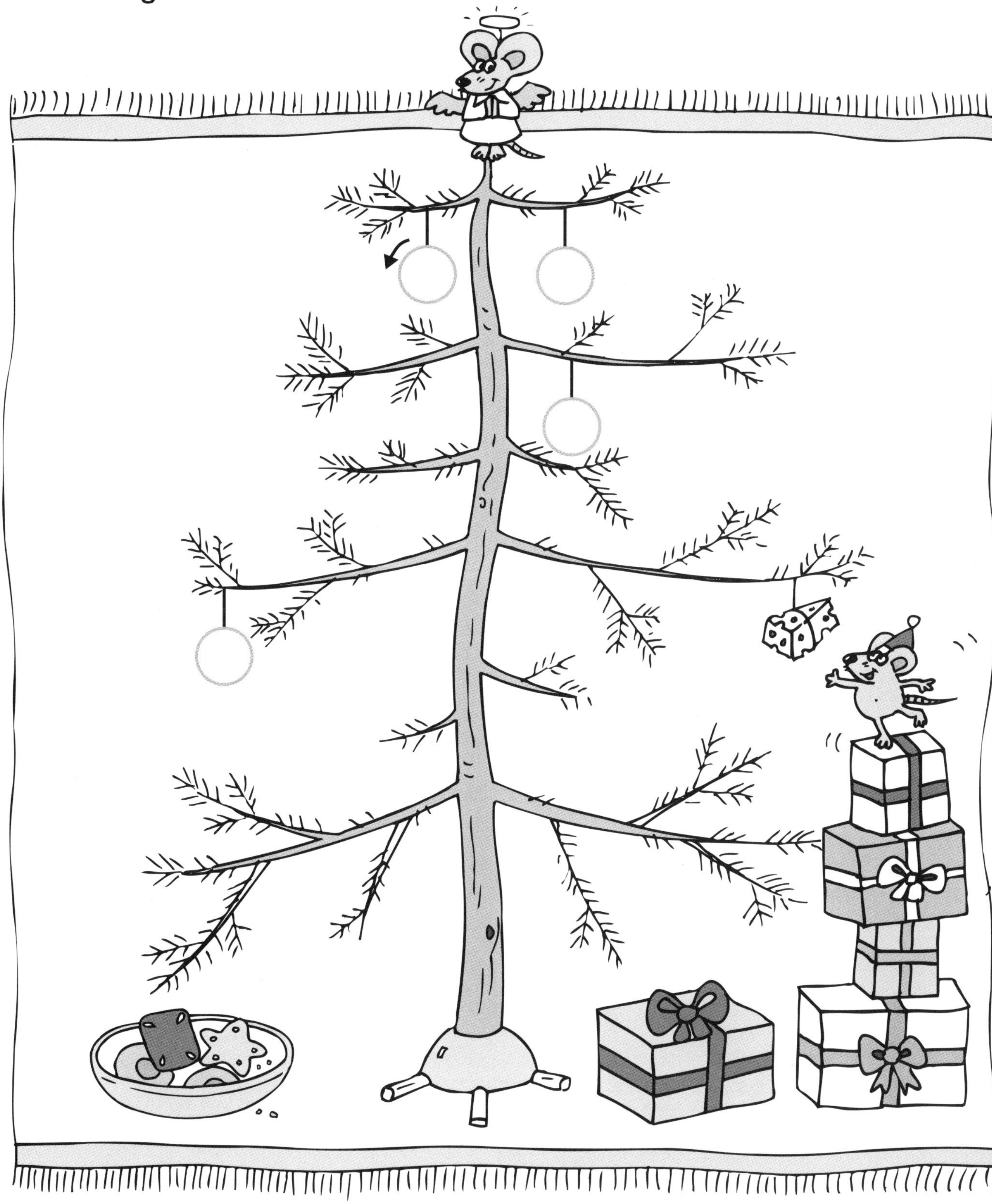

Susi und Paul fahren mit ihren Fahrrädern bergauf und bergab.
Spure ihre Wege nach.

Am Abend fahren Susi und Paul Fahrrad im Hof. Sie fahren immer so: ∞. Spure nach.

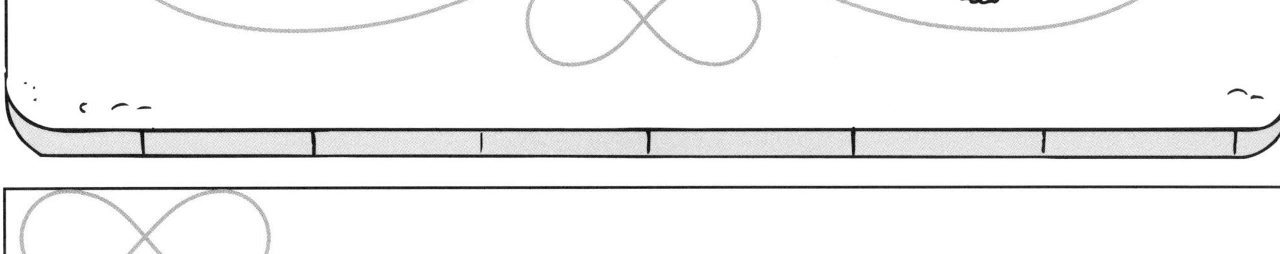

Momo denkt: „Was Susi und Paul können, kann ich auch." Mit seinem Skateboard fährt er eine große 8. Spure sie nach.

Spure auch diese 8en nach.

Im Zoo gibt es viele Schlangen. Schwinge ihr Muster weiter.

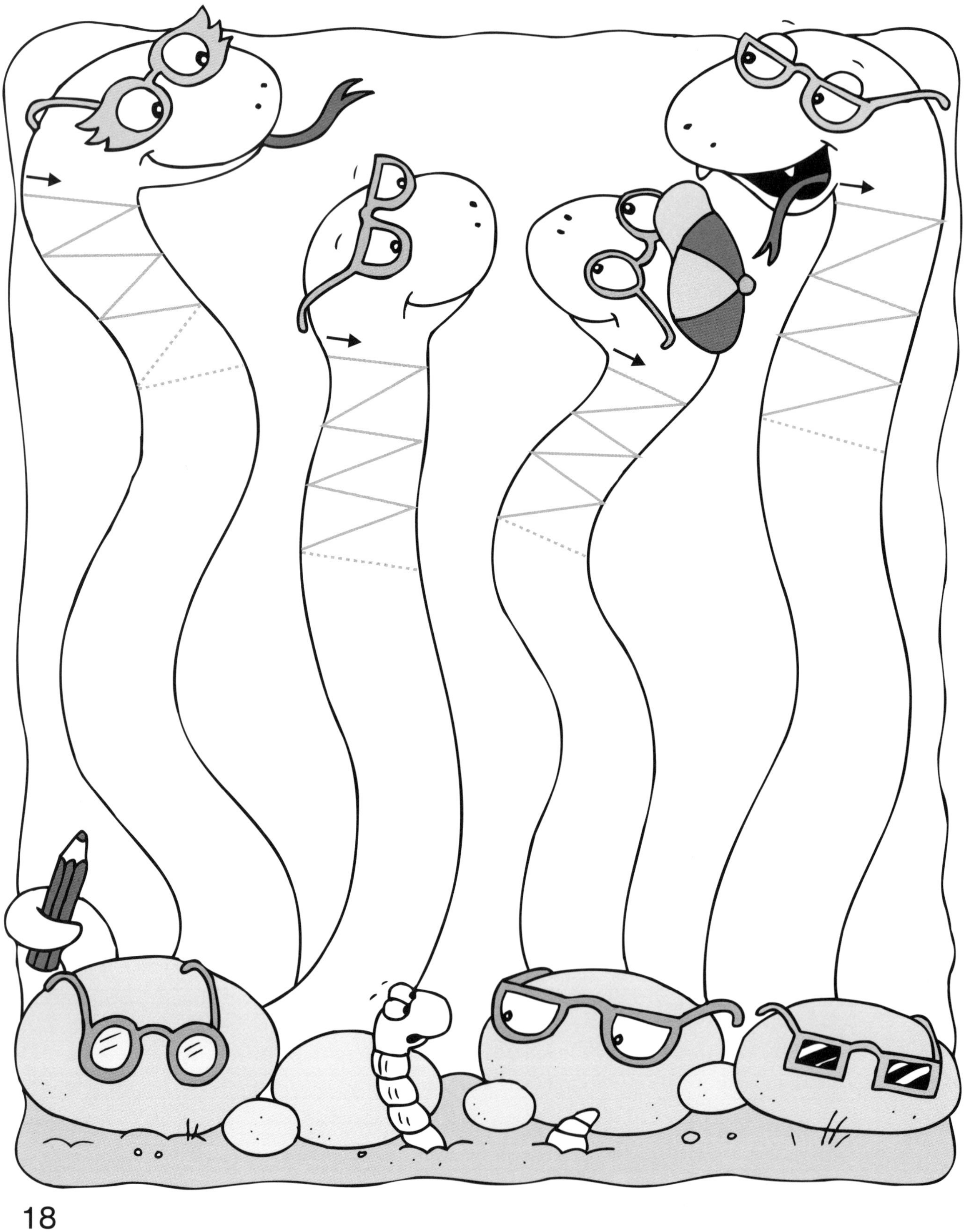

Schwinge ein Riesen-Z und viele kleine z.

Male diese Fahnen bunt an.

Zeichne hier selbst viele Fahnen. Erfinde lustige Muster.

Male jeder Taube eine Leiter zum Taubenschlag.

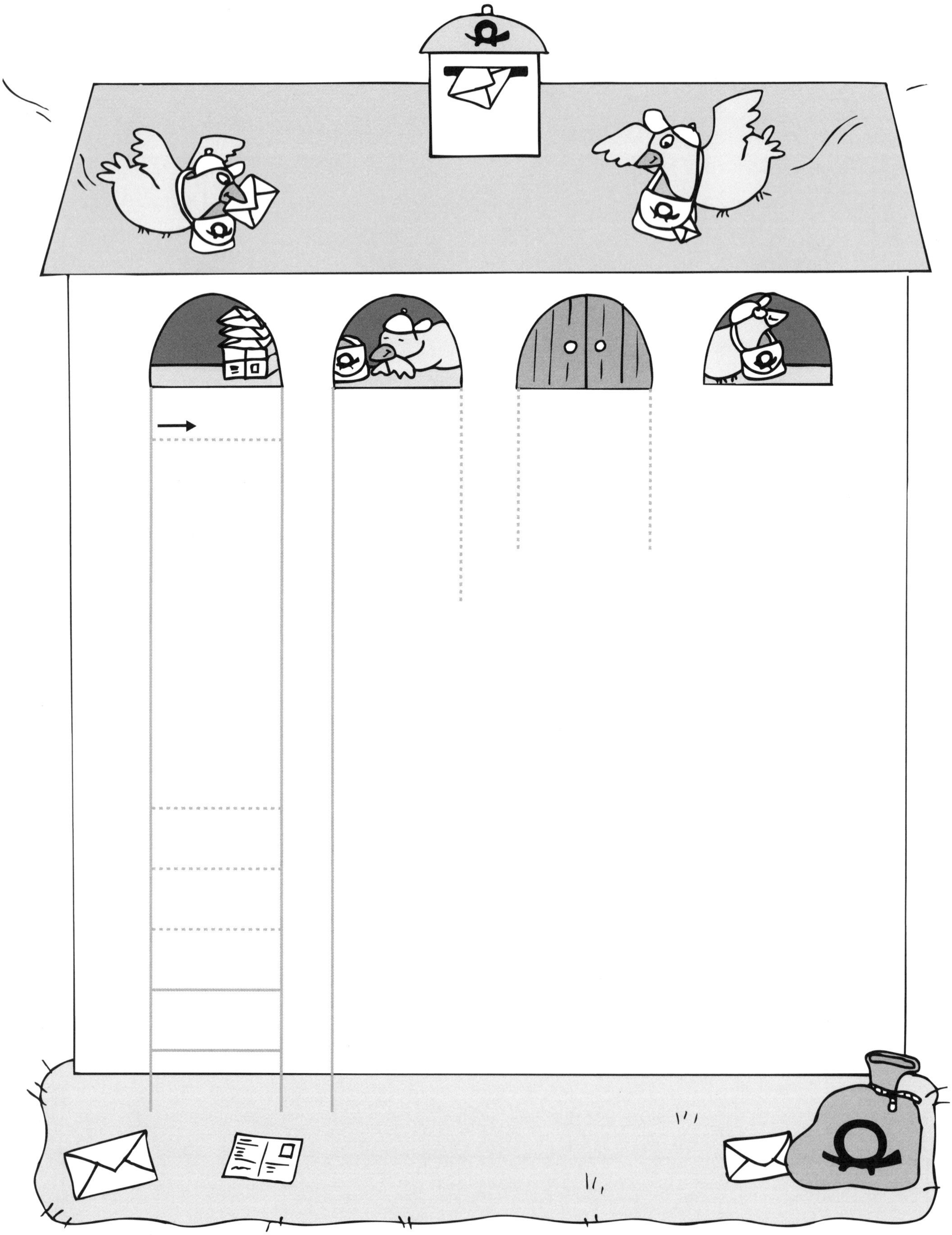

Diese Leiter hat nur eine Sprosse. Male eine Taube auf diese Sprosse und spure die Leiter nach. Kennst du diesen Buchstaben?

Heute findet eine Perücken-Party statt. Alle Tiere sind eingeladen.
Male jedem Partygast solche Locken auf den Kopf.

Kannst du das? Schwinge in die Zeilen.

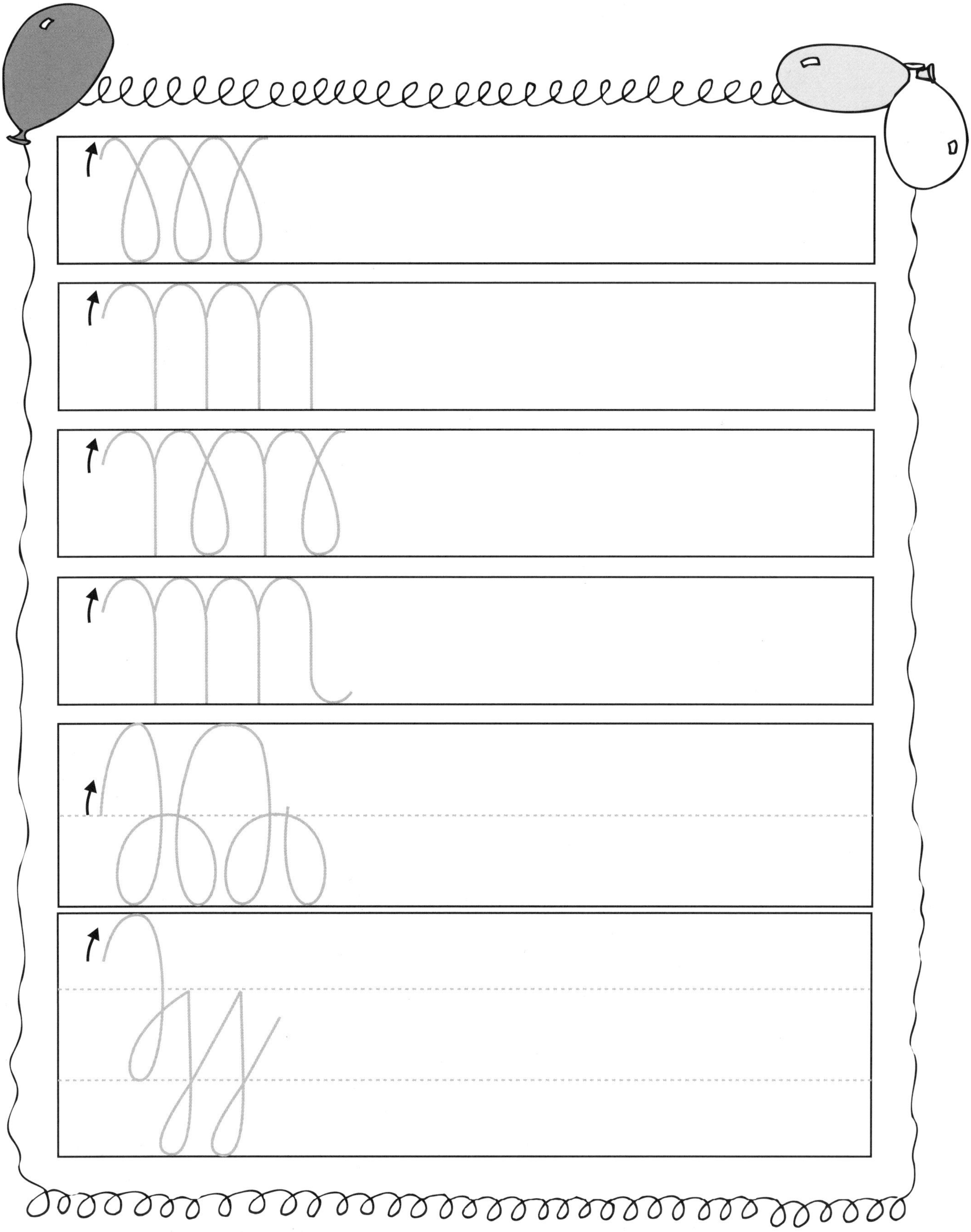

Tim malt am liebsten Schwäne. Schau, wie er es macht, und spure dann die dicke Linie mit vielen Farben nach.

Male viele Schwäne auf den See.

Aus der 5-Form kannst du lustige Eichhörnchen entstehen lassen.
Spure die dicken Linien nach und male die Eichhörnchen aus.

Schwinge die riesige 5 mit der rechten und mit der linken Hand.
Schreibe dann viele 5en in die Zeilen.

Die Seepferdchen schwimmen zum Wasserfest. Male die Tierchen fertig. Schwinge das S in ihren Körpern nach.

Schwinge hier weiter. Schau genau hin. Welche Zahl kann aus dem Seepferdchen-S entstehen?

Nino feiert Geburtstag. Die Gäste blasen Luftschlangen aus.
Male lange, bunte Luftschlangen.

Spure die Luftschlangen nach und schreibe dann in die Zeilen.

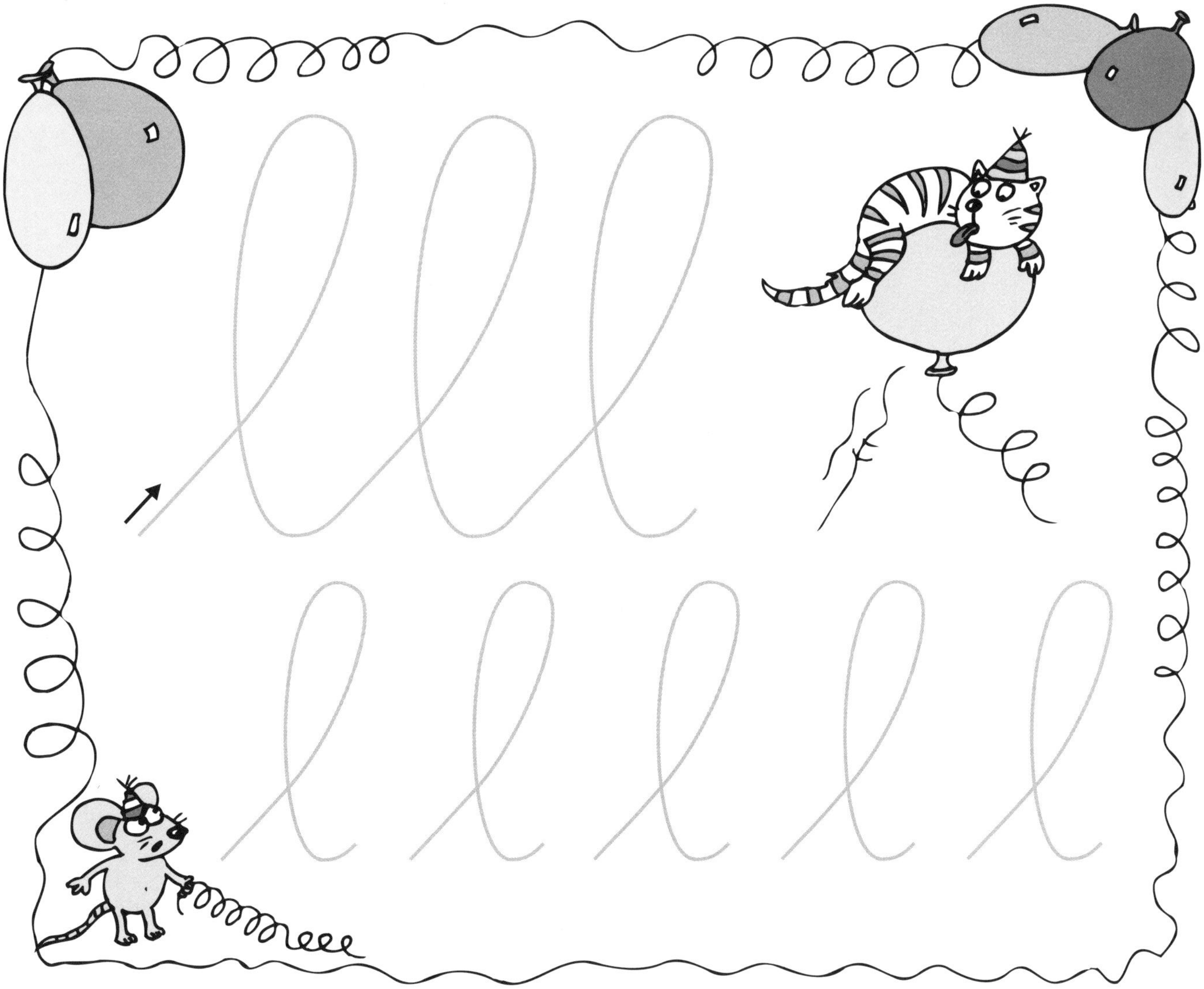

Toni hängt Lampions auf. Hilfst du ihm dabei?

Schwinge auch diese Lampionteile bunt nach.

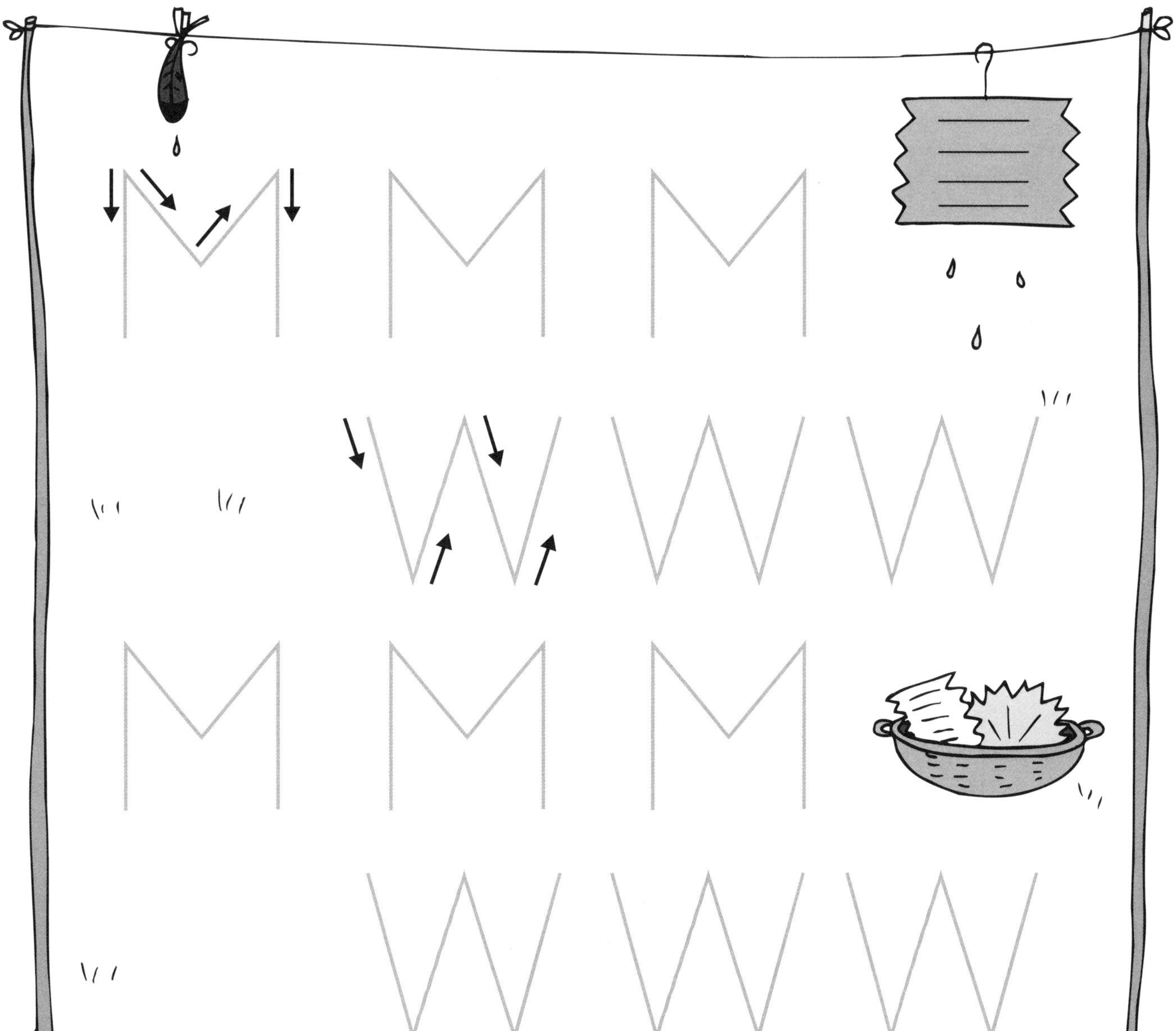

Kennst du die Zahlen auf dem Lotteriezettel? Kreuze deine 5 Lieblingszahlen an. Schreibe dann viele X, x in die Zeilen.

13	5	12	18	7
21	19	2	11	16
6	10	9	17	4
14	3	20	15	8

22

Kannst du die Zeilen richtig fortführen?

X x X

V v V

X v X

Y V Y

W x W

S y S

5 3 2

A E A

M F M

O o O

Z = Z

X + X

B 3 B

Übertrage diese Bilder auf das Karo-Feld.

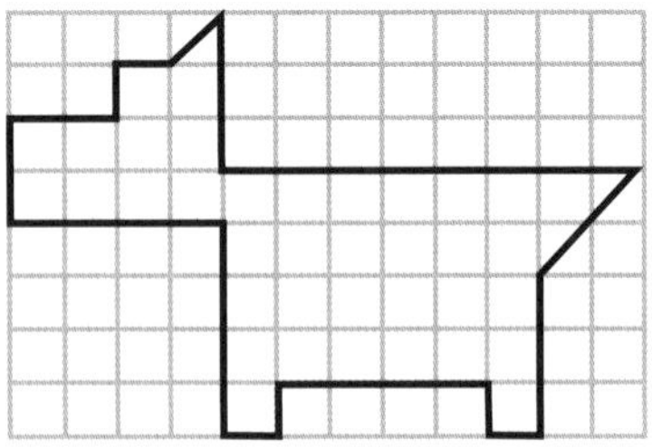

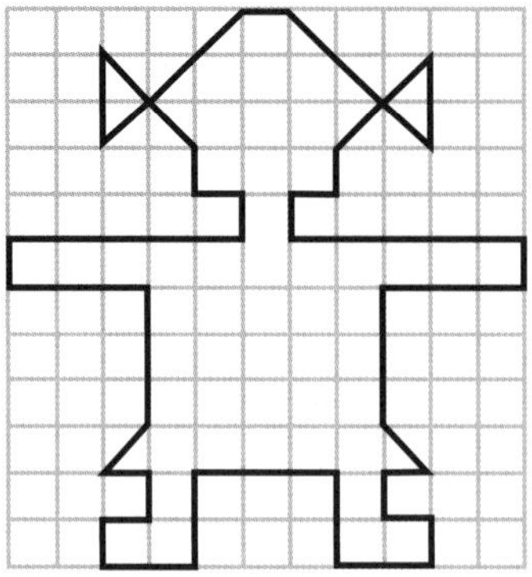

Erfinde hier selbst lustige Karo-Bilder.

Wolli Wolf gräbt unter der alten Eiche nach Gold. Hier siehst du, wie die Goldtaler aussehen.

Das Wort Gold beginnt mit einem G: nur die Taler mit einem richtigen G sind echtes Gold. Spure sie nach und streiche das falsche Gold durch.

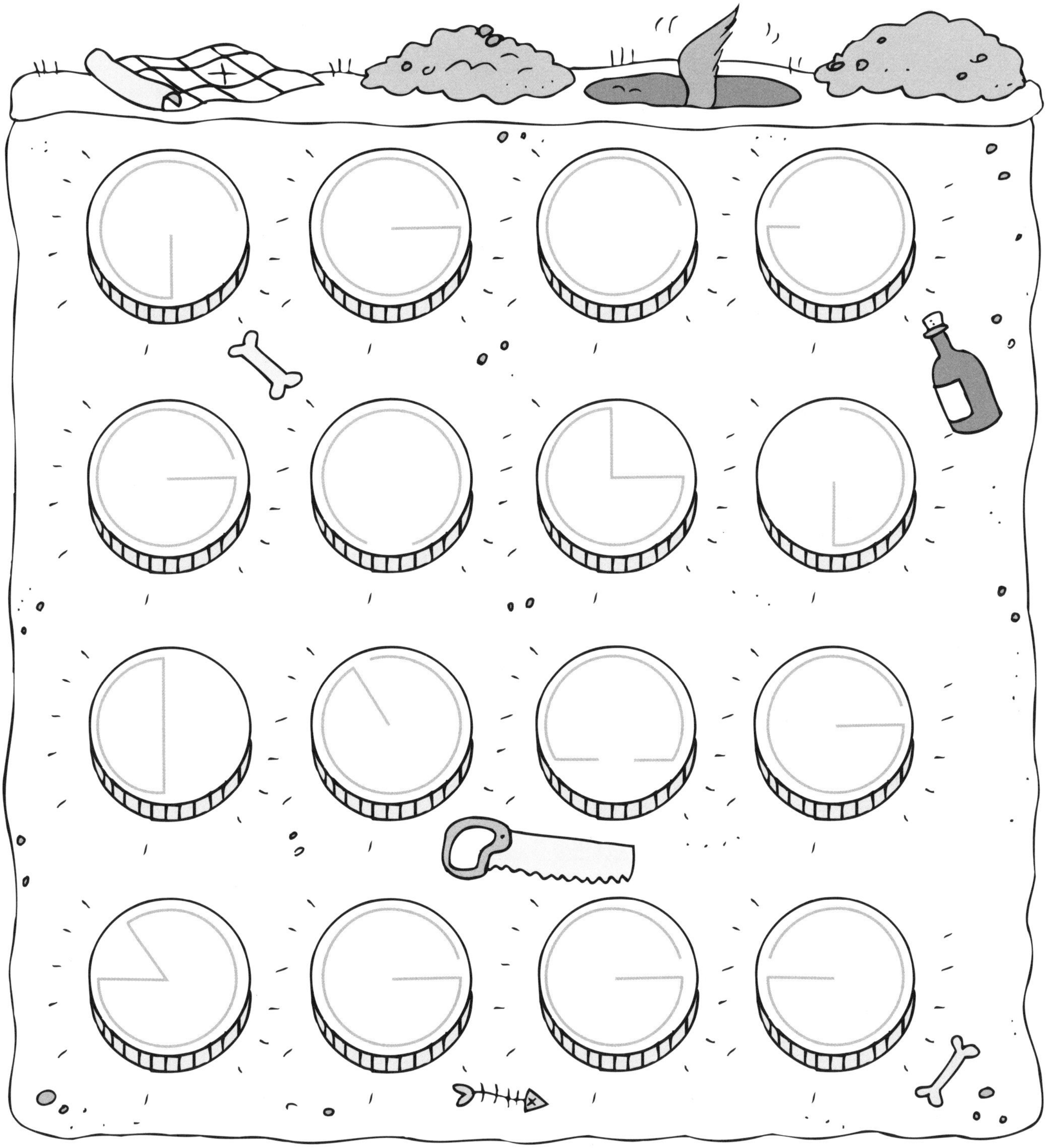

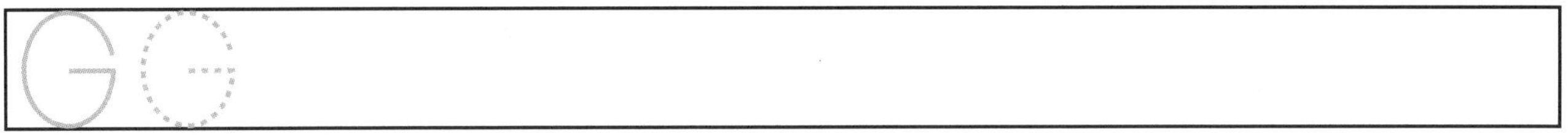

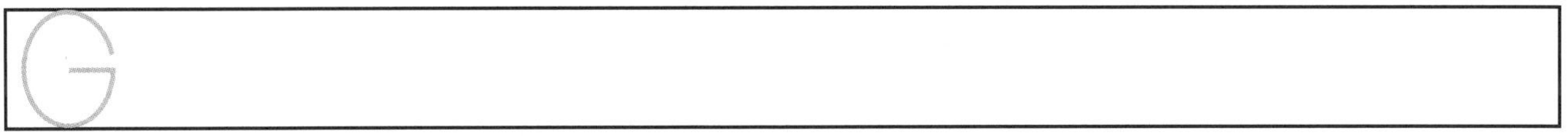

Diese Buchstaben sind aus geraden Linien aufgebaut. Kennst du sie? Fülle die Zeilen.

Das ist mein Lieblingsbuchstabe:

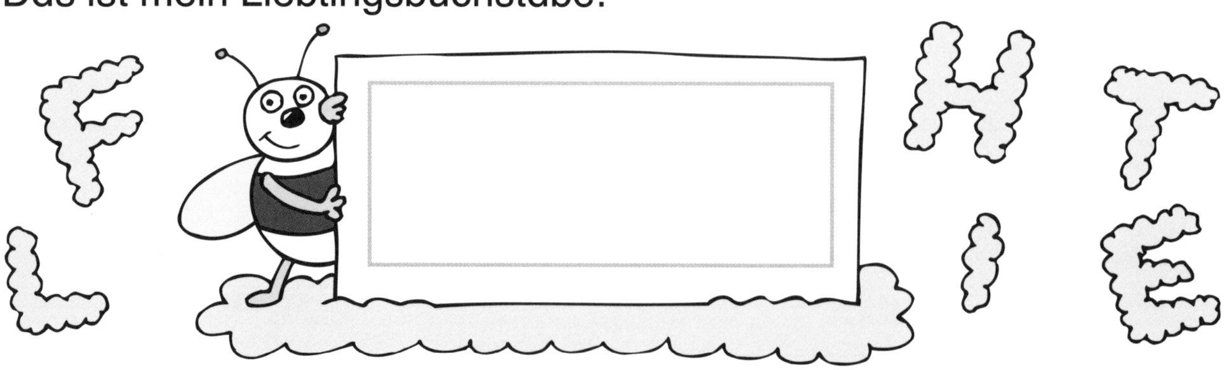

Diese Buchstaben bestehen auch aus schräg gestellten Linien.

A K M N V W X Y Z

A
K
M
N
V
W
X
Y
Z

Das ist mein Lieblingsbuchstabe:

Diese Buchstaben bestehen aus runden, geraden und schrägen Linien.

COSUBDPRQ

C
O
U
B
D
P
Q
R
S

Das ist mein Lieblingsbuchstabe:

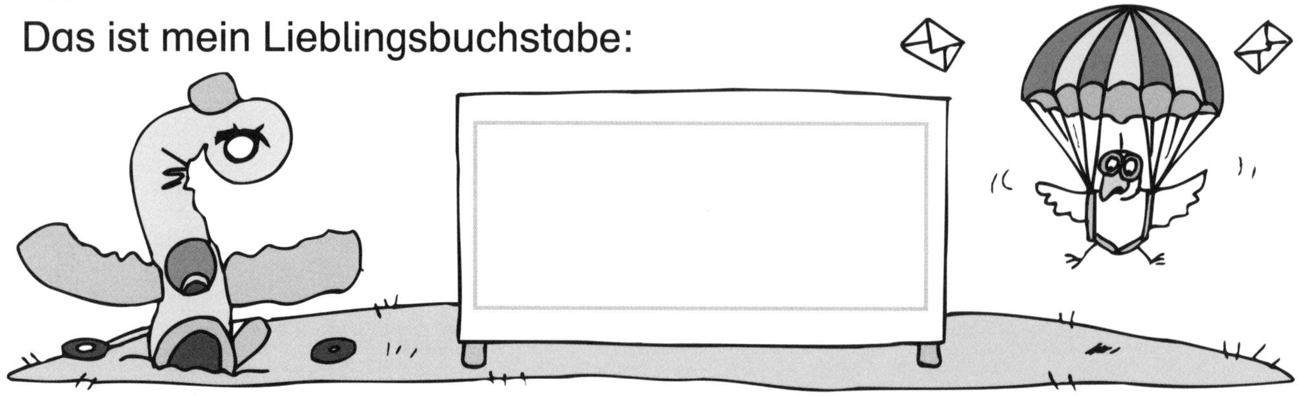

Schwinge alle Großbuchstaben.

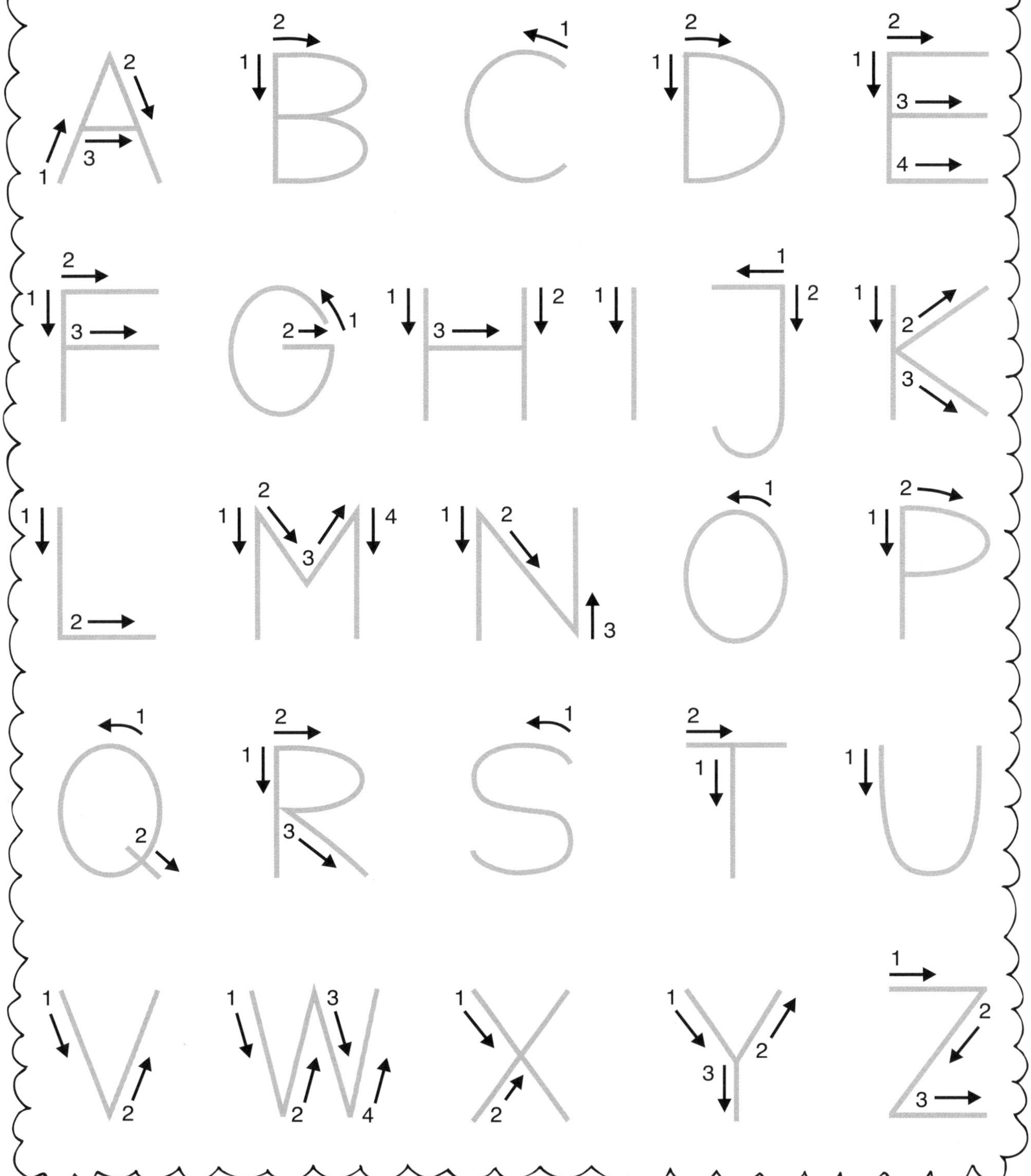

Schwinge alle Kleinbuchstaben.

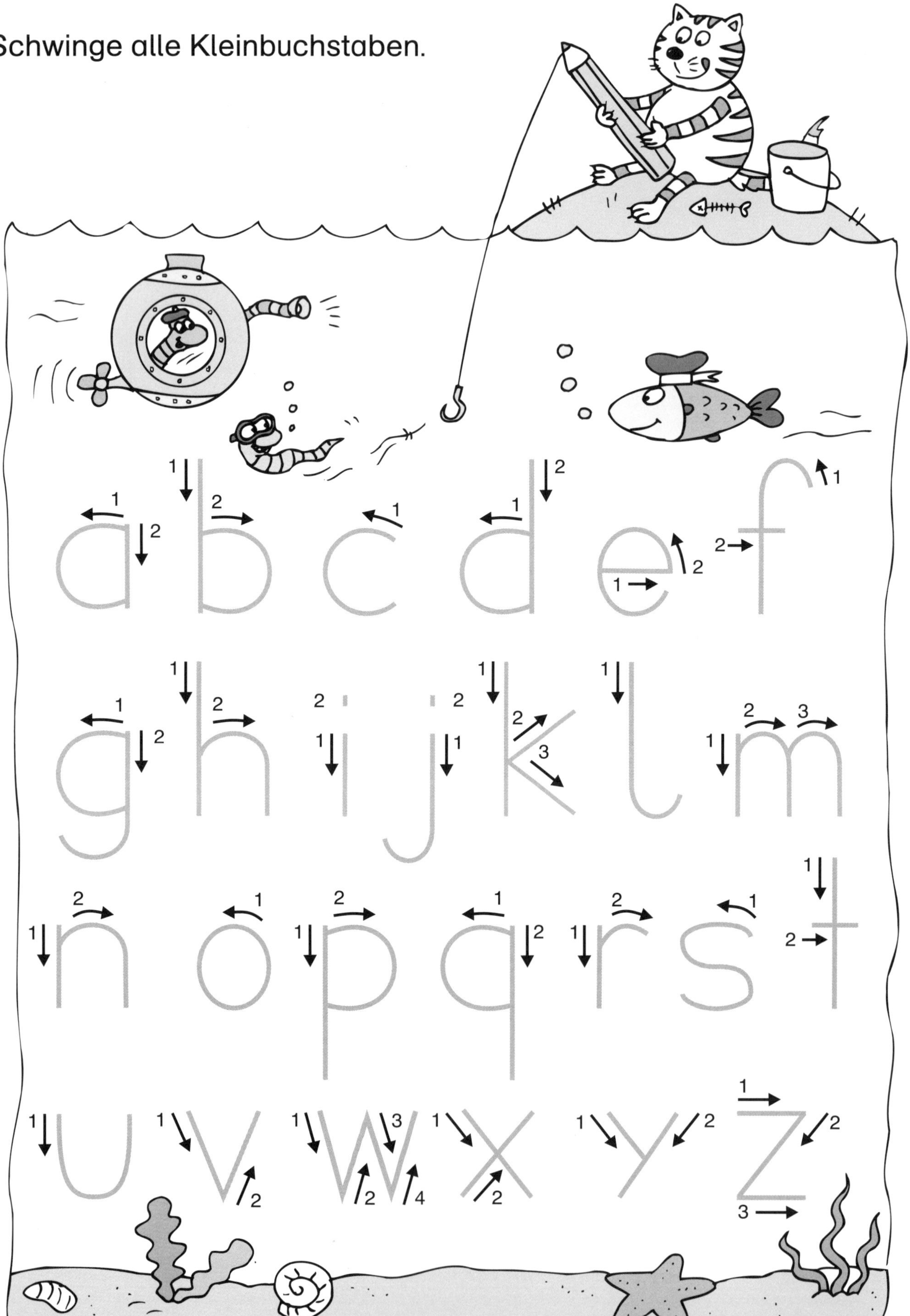

Manche Buchstaben haben Pünktchen. Zeichne die Pünktchen ein.

Schwinge ganze Wörter. Kannst du die Wörter lesen?